de la A a la Z

Cuba

Yanitzia Canetti
Ilustrado por Alex Lago

A todos mis paisanos,
en especial a los que viven lejos.

de la A a la Z

Cuba

Yanitzia Canetti
Ilustrado por Alex Lago

everest

A DE AZÚCAR

Endulzo la leche.
Endulzo el café.
¿Por qué soy tan dulce?
¡Pues yo no lo sé!

Echa una cucharada,
échale dos y tres.
Con un poquito que eches,
¡ay, qué sabroso es!

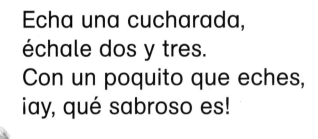

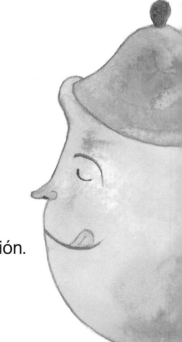

De la caña, el guarapo.
Del guarapo, a granel,
salgo, mulata o blanca,
tan dulce como la miel.

—¡Oh, quién pudiera endulzar
un pastel de quinceañera!
—suspiraba en un rincón
una linda azucarera.

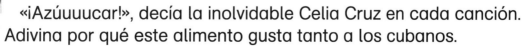

«¡Azúuuucar!», decía la inolvidable Celia Cruz en cada canción.
Adivina por qué este alimento gusta tanto a los cubanos.

B DE BOHÍO

En un bohío
vive mi tío:
casa de campo,
cerca del río.

En un bohío
vive mi tío:
casita humilde
del caserío.

Piso de tierra,
techo de guano:
hogar sencillo
del campo cubano.

El bohío era la casita de los primeros habitantes de Cuba. Hasta hoy, algunos campesinos construyen bohíos porque su techo de guano y sus paredes de madera ayudan a atenuar el calor del Caribe.

C DE CAIMÁN

Camina por el pantano
Atento y muy despacito.
Intenta disimular,
Mas él no es nada mansito.
Ávido de morder está.
No te acerques, ¡ni un poquito!

El caimán es como el primo del cocodrilo. Es un reptil un poco más pequeño, pero igual de peligroso. Le encantan los lugares húmedos y cálidos. Por eso hay tantos caimanes en la Ciénaga de Zapata y en otros pantanos de Cuba. Si ves el mapa de la isla de Cuba, ¿notas cierto parecido con la figura de un caimán?

D DE DANZÓN

Danzón, danzón,
báilalo bien suavecito.
Danzón, danzón,
en un solo ladrillito.

Danzón, danzón,
mezcla de danza con son.
Danzón, danzón,
es un baile de salón.

El danzón es un baile tradicional cubano. Surgió en Matanzas, una provincia de Cuba, en 1879, cuando Miguel Faílde compuso el primer danzón, «Las alturas de Simpson». ¡Desde entonces, las parejas disfrutan de este fabuloso baile en muchos países!

E DE EL ESCAMBRAY

Entrando por un trillo
estrecho de El Escambray,
entre una trenza de troncos,
un tropel de trinos hay.

Travesía de trotamundos,
un tributo tropical:
¡Más de tres mil especies
tratamos de preservar!

El Escambray es un lugar montañoso que se extiende por las provincias centrales de Cuba. Allí viven especies de plantas y animales que son únicos en el mundo, como el almiquí, el manjuarí, el majá de Santa María, la ranita Cubensis y el tomeguín. Conoce este fabuloso lugar a través de un trabalenguas.

F DE FRIJOLES NEGROS

Sabrosos frijoles negros
preparó Fela, feliz.
Pepe metió la cuchara,
Lola metió la nariz.

Sazonados con sofrito:
cebolla, ajo y ají,
Fela sirvió muy contenta
una fuente para ti.

Los frijoles negros son una comida tradicional
cubana y nunca falta en la mesa de Nochebuena.

G DE GUANTANAMERA

Tiene el leopardo un abrigo
en su monte seco y pardo.
Yo tengo más que el leopardo
porque tengo un buen amigo.

Guantanamera, guajira guantanamera.
Guantanamera, guajira guantanamera.

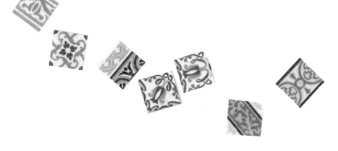

«La Guantanamera» es la canción cubana más conocida en el mundo. Aquí tienes un fragmento de la canción con versos del Héroe Nacional de Cuba, el patriota y escritor José Martí.

H DE HABANA

Un fuerte viento salobre
abre puertas y ventanas.
Ruidos y risas retumban
alegrando las mañanas.

Entre viejos edificios,
callecitas, callejones,
hay gente que va de prisa
por avisos de ciclones.

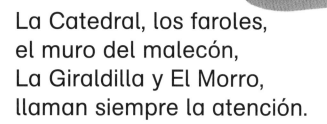

La Catedral, los faroles,
el muro del malecón,
La Giraldilla y El Morro,
llaman siempre la atención.

Mi Habana hermosa de antaño,
amada Habana de ayer:
aunque pasen muchos años,
yo siempre te quiero ver.

La Habana es la capital de Cuba. Fue fundada el 16 de noviembre de 1519 por el español Diego Velázquez de Cuellar. Está ubicada de cara al mar, entre un río y una bahía. Su casco histórico ha sido declarado Patrimonio de la Humanidad.

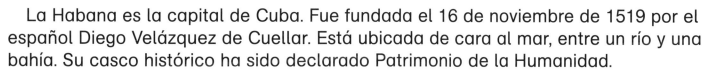

I DE ISLA

Se llamó Isla de Pinos,
llena estaba de pinares,
desolada por las rocas
y por turbulentos mares.

Cuentan que nadie encontró
tesoros de marineros,
pero sí mil toronjales,
naranjos y limoneros.

¡Ningún pirata ambicioso
vio tesoro más jugoso!

Cuba es una isla rodeada de islitas e islotes. La más grande de estas pequeñas islas inspiró el libro «La isla del tesoro», de Stevenson, porque varios piratas pasaron por allí. ¿Habrán encontrado algún tesoro?

J DE JUTÍA

Juega, juega la jutía
con Julia, Jorge y Juanito.
El que juega, ¡a bailar!
El que sigue, ¡a saltar!
Y al tercero, que es el jefe,
le tocará dibujar.

Ahora te toca, mi amigo.
Baila tú, que yo te sigo.

La jutía gordinflona
este juego se aprendió
y aquel que no se lo aprenda,
¡este juego ya perdió!

La jutía es un animal originario de Cuba. En ningún otro lugar del mundo encuentras a este simpático y singular roedor. ¡Apréndete el juego de la jutía conga!

K DE KILÓMETRO CERO

Cuentan que llegó a la Habana
un joyero de Turquía,
que antes pasó por París
y un gran diamante traía.

Había sido de un zar ruso,
el último de los zares.
Y su valioso diamante
pasó por varios lugares.

En el Capitolio brilla
esta piedra duradera:
marca el kilómetro cero
de una red de carreteras.

En el Capitolio de la Habana, sede de la Academia de Ciencias de Cuba, hay un lugar singular que indica el kilómetro cero de la red de carreteras cubanas. Pero entérate de la leyenda que hay detrás de este lugar.

L DE LAGARTIJA

—Tún tún.
—¿Quién es?
—Soy tu hija, la largartija.
—¿Me trajiste una botija?
—No, no, no. ¡Se me olvidó!
—¿Me trajiste una sortija?
—No, no, no. ¡Se me olvidó!
Mas te traje mil mosquitos
en una enorme vasija.
—Ay, hijita, pasa ya,
¡cuélate por la rendija!

En el campo y la ciudad, suelen encontrarse lagartijas que son oriundas de Cuba, como la Anolis sagrei. Ellas se sienten a gusto en cualquier rincón cálido, es decir, en toda la isla.

M DE MARIPOSA

Hay una mariposa que no vuela.
Hay una mariposa que no se posa.
Es una mariposa blanca y hermosa.
Es una mariposa maravillosa.

Se llama Mariposa
y es una flor.
Si te acercas un poco,
¡qué rico olor!

Mariposa es el nombre de la flor nacional de Cuba, muy común en los campos. Es blanca, perfumada y sus pétalos recuerdan las alas de una mariposa. Cuentan que durante la lucha por la independencia, las mujeres adornaban sus cabellos con esta flor… ¡porque dentro escondían importantes mensajes que les llevaban a los mambises, aquellos hombres valientes que luchaban por la libertad de Cuba!

N DE NÍQUEL

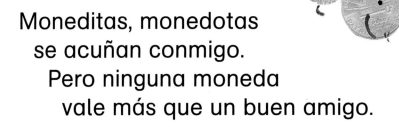

Soy un mineral
de una mina colosal
y no me oxido
ni con la sal.

Moneditas, monedotas
se acuñan conmigo.
Pero ninguna moneda
vale más que un buen amigo.

Conmigo se hace el acero,
¡un acero duradero!
Conmigo se hace un metal
mucho más duro y ligero.

En Cuba hay muchísimo níquel, un valioso mineral que sirve para acuñar monedas, hacer robots, colorear el vidrio y más. Al combinar níquel con otros metales, estos conducen mejor la electricidad y el calor. ¡Hay níquel en los meteoritos y en el centro de la Tierra! Aquí tienes algunas adivinanzas sobre el níquel.

Ñ DE ÑAME

El señor Ñico Piña
vio un ñame pequeño
en una campiña
y se lo dio al niño ñoño
de doña Carmiña.

El ñame es un tubérculo muy común en los campos cubanos. Se sabe que era un alimento fundamental de los primeros habitantes de la isla, los aborígenes taínos, siboneyes y guanajatabeyes. Intenta decir este trabalenguas.

O DE ORIENTE

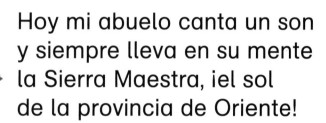

—Adiós, Oriente mío
—susurraba mi abuelo,
mientras se alejaba un día
de su tan querido suelo.

Hoy mi abuelo canta un son
y siempre lleva en su mente
la Sierra Maestra, ¡el sol
de la provincia de Oriente!

Oriente era el nombre de una provincia de Cuba, hasta 1976, cuando se dividió en varias provincias. Es una región muy importante. Allí está la Sierra Maestra, que son las montañas más altas de Cuba; allí está el río Cauto, el más largo de Cuba; y allí ocurrieron numerosos hechos históricos. ¡Oriente es también la cuna de la música cubana!

P DE PALMA REAL

¡Oh, raíces profundas
de troncos solitarios!
¡Oh, palma que vigilas
los campos a diario!

¿Acarician tus hojas,
tan altas, las estrellas?
¡Oh, palmas majestuosas,
inmensamente bellas!

El paisaje se viste
con tu esbelta figura.
Y los pájaros cantan
ante tanta hermosura.

La Palma Real es la reina de los campos cubanos. A lo largo de la isla, las palmas adornan valles y montañas. Aquí tienes una oda a la Palma Real. Una oda es una poesía que celebra algo o a alguien con gran emoción.

Q DE QUINTA AVENIDA

Por la Quinta Avenida
vamos a pasear.
¡Qué casas tan bonitas
se ven en Miramar!

La Quinta Avenida
vamos a recorrer
y sus parques arbolados
nos detendremos a ver.

La Quinta Avenida exhibe,
cual colorido mural,
la bandera de un país
ondeando en cada portal.

La Quinta Avenida es la avenida principal de La Habana y una de las más bellas de Cuba. Tiene un paseo arbolado, parques y fuentes. A lo largo de esta avenida se encuentran las sedes diplomáticas del mundo entero, por lo que también se la conoce como la Avenida de las Embajadas.

R DE RUMBA

Da dos pasitos a un lado.
Da un pasito lento al frente.
Baila que baila mi rumba.
Baila que baila mi gente.

El baile de la columbia,
del guaguancó, del yambú,
de la guaracha, la conga,
¿cuál es el que bailas tú?

Da dos pasitos a un lado.
Da un pasito lento al frente.
Baila que baila mi rumba.
Baila que baila mi gente.

Cuando se habla de Cuba, vienen a la mente rumberos y rumberas bailando al ritmo de las tumbadoras, que es un tipo de tambor inventado en la isla. La rumba es una familia de ritmos musicales de origen africano que suele bailarse, sobre todo, en fiestas populares y en desfiles de carnavales.

S DE SON

En este cantar propongo
lo que dice mi segundo.
En este cantar propongo
lo que dice mi segundo.
No hay butifarra en el mundo
como las que hace El Congo.

Échale salsita,
échale salsita,
échale salsita,
échale salsita,
ah, ah, ah, ah.

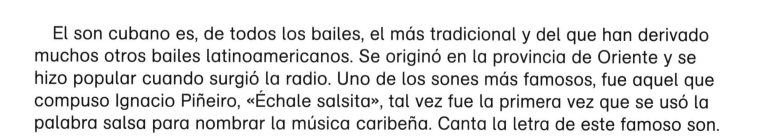

El son cubano es, de todos los bailes, el más tradicional y del que han derivado muchos otros bailes latinoamericanos. Se originó en la provincia de Oriente y se hizo popular cuando surgió la radio. Uno de los sones más famosos, fue aquel que compuso Ignacio Piñeiro, «Échale salsita», tal vez fue la primera vez que se usó la palabra salsa para nombrar la música caribeña. Canta la letra de este famoso son.

T DE TOCORORO

Tocororo, tocororo,
es familia del quetzal.
Tocororo, tocororo,
es un ave tropical.

Tocororo, tocororo,
no puede el ave estar presa.
Tocororo, tocororo,
porque muere de tristeza.

Tocororo, tocororo,
aleteando en el pinar.
Tocororo, tocororo,
nunca dejes de cantar.

El tocororo es el ave nacional de Cuba. ¿Sabes por qué? Es un ave original de los campos cubanos, pero además, ¡sus plumas rojas, azules y blancas tienen los mismos colores de la bandera!

U DE UNIVERSIDAD

La puerta está abierta
de par en par.
¿Te sientes listo?
¡Puedes entrar!

Ven a leer
y a preguntar,
a compartir,
y a investigar.
Ven a aprender.
Ven a explorar.

Un universo
hacia la verdad.
Bello universo,
Universidad.

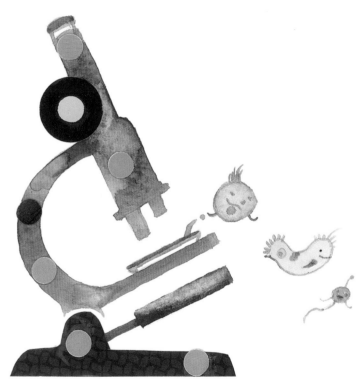

La Universidad de la Habana es la más antigua de Cuba, y una de las primeras de América Latina que ha seguido abierta desde su fundación. La fachada recuerda los antiguos edificios griegos, con sus altas columnas y su escalinata de ochenta y ocho escalones que culmina en la estatua del Alma Máter, símbolo de la universidad.

V DE VARADERO

¡Vamos a darnos un chapuzón
en la playa de Varadero!
¿A ver quién salpica más?
¿A ver quién llega primero?

¡Qué clarita es el agua!
¿Es azul o transparente?
¡Y qué arena tan fina,
tan blanca y caliente!

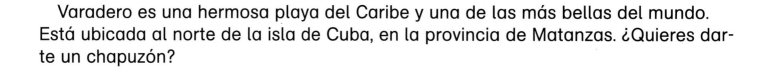

¡Vamos a darnos un chapuzón
una y otra, y otra vez,
y que las olas bajitas
nos acaricien los pies!

Varadero es una hermosa playa del Caribe y una de las más bellas del mundo. Está ubicada al norte de la isla de Cuba, en la provincia de Matanzas. ¿Quieres darte un chapuzón?

W DE WILFREDO LAM

Pinta Wilfredo,
¡qué enredo
de figuras colosales!
Pinta Wilfredo
una jungla
de figuras fantasmales.

Su realismo, surrealismo,
cubos, cubanos, cubismo.

Wilfredo Lam fue uno de los pintores más importantes de Cuba. Tomó clases con el mismo maestro que tuvo Salvador Dalí y conoció a grandes artistas como Picasso, Frida Kahlo y Diego Rivera. En su estilo, Wilfredo Lam combina el arte surrealista y cubista, con el arte africano. Hoy sus obras se exhiben en los principales museos del mundo.

X DE XIOMARA ALFARO

La luces del escenario
iluminan su figura.
Xiomara alza la voz
y crece en estatura.

«Siboney, Siboney
yo te espero en mi caney»,
canta melodiosamente,
«Siboney, Siboney…»

El público emocionado
la aplaude constantemente.
Se va Xiomara cantando
su Siboney, sonriente.

Xiomara Alfaro grabó numerosos discos, actuó en el famoso cabaret Tropicana y en escenarios de todo el mundo. Su canción favorita era «Siboney», del compositor cubano Ernesto Lecuona.

Y DE YUMURÍ

Del río Bacunayagua
hasta del río Yumurí,
hay un valle fabuloso,
¡el Valle de Yumurí!

Lleno de palmas reales,
un verde intenso y brillante,
y el mar, de un azul profundo,
y el sol, con su luz radiante.

Cuántas leyendas se cuentan,
ay, Valle de Yumurí,
de indígenas que soñaron
vivir para siempre aquí.

El valle de Yumurí es un hermoso paisaje natural de la provincia de Matanzas, en Cuba. Es un lugar rico en plantas y animales, donde se han hallado objetos de los indígenas que habitaron esa región.

Z DE ZUNZÚN

Puedo agitar mis alas cien veces por segundo.
Yo soy el pajarito más pequeño del mundo.
Cinco centímetros es todo lo que mido.
Y solo tres centímetros mide mi nido.
Me alimento del néctar de las flores.
Tengo pocas plumas, de brillantes colores.
Puedo quedarme en el aire en la misma posición.
Aunque soy pequeñito, llamo mucho la atención.

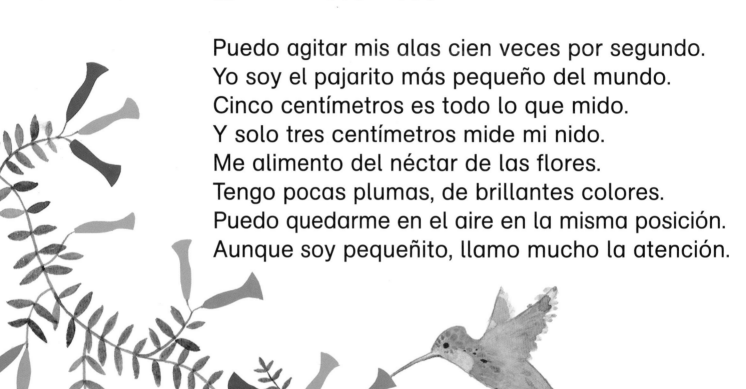

Zzzzzzum, hace el zunzún o pájaro mosca. Es un tipo de colibrí que sólo existe en Cuba y es tan, pero tan chiquito, que parece una mosca o una abeja. Apréndete estos datos sobre el zunzún.